AF382347

TUTANKAMÓN

El niño faraón egipcio

Por Elena Marcos Alvarez
Traducido por Laura Bernal Martín

Historia 50MINUTOS.es

TUTANKAMÓN, ENTRE MITO Y REALIDAD

UN CÉLEBRE DESCONOCIDO

- **¿Nacimiento?** Entre 1346 y 1332 a. C. en Aketatón (Egipto).
- **¿Muerte?** Entre 1325 y 1313 a. C. en Tebas (Egipto).
- **¿Principales contribuciones?** Restauración de la antigua religión de Estado politeísta tras el reinado monoteísta de su padre.

Tutankamón es uno de los faraones más célebres de la historia del Antiguo Egipto, y con razón: el arqueólogo británico Howard Carter (1874-1939) descubre su tumba el 4 de noviembre de 1922 después de que esta se hubiera mantenido intacta e inviolada unos 3000 años. A partir de entonces, el increíble tesoro que encierra su sepultura suscita tanto la admiración del gran público como su desconfianza, ya que tras el descubrimiento se propaga el rumor de una maldición que resulta en la muerte repentina e inexplicable de varios miembros del equipo científico.

Son muchos los que conocen a Tutankamón como el majestuoso faraón que uno se imagina a partir de sus tesoros, pero... ¿quién conoce realmente a este joven soberano? ¿Qué desgracias colmaron su existencia? ¿Cómo vivió? ¿Cómo murió? ¿Cuál es la verdad que se oculta tras su maldición? Son muchas las preguntas que merecen una respuesta que logre despejar las tinieblas que se ciernen sobre la vida de este enigmático faraón.

BIOGRAFÍA

| Busto de madera dorado de Tutankamón descubierto por Howard Carter en 1922.

NACIMIENTO E INFANCIA REALES

El príncipe Tutankamón nace en el palacio real de Amarna, en el Alto Egipto, entre 1346 y 1332 a. C.

Es el hijo del faraón Akenatón (su fecha de nacimiento es desconocida, pero su muerte puede situarse *c.* 1338/37 a. C.) y una mujer anónima cuya momia ha sido bautizada como «Younger Lady» (la dama más joven), por oposición a los otros difuntos presentes con ella en su tumba: un niño muy pequeño y una anciana. Sería o bien una hermana desconocida de Akenatón, o bien su prima y esposa principal, Nefertiti (*c.* 1370 a. C.-*c.* 1333 a. C.).

LAS TRADICIONES DEL ANTIGUO EGIPTO

Las identificaciones genéticas de las momias de esta época pueden ser difíciles por culpa de los matrimonios consanguíneos, relativamente comunes durante la dinastía XVIII, que reducen la herencia genética de la familia real.

Nacido en los años XII-XIV del reinado de su padre, el joven Tutankamón disfruta de una infancia tranquila, ya sea en el palacio real de Amarna con sus padres, o en las ciudades de Tebas y Menfis cuando es confiado a su nodriza o a preceptores.

Sin embargo, los escasos documentos anteriores a su ascenso al trono no nos permiten conocer exactamente los detalles de la infancia del joven príncipe.

EL TRONO USURPADO

Tutankamón hereda el trono c. 1340 a. C., después del corto reinado de su hermana mayor Meritatón (*c*. 1350-*c*. 1336/35 a. C.), aunque algunos creen que se trata más bien de Nefertiti. Esta princesa solo reina durante algunos años sobre el reino de Egipto. Cuando desaparece, muerta o asesinada, Tutankamón asciende al trono con tan solo 6 u 8 años. Así, se convierte en el undécimo faraón de la dinastía XVIII egipcia (mediados del siglo XVI a. C.-finales del siglo XIII a. C.) que consagra el apogeo de esta antigua civilización y el comienzo del Imperio Nuevo (período de la historia egipcia que transcurre entre el año 1500 y el 1000 a. C.).

AL PRINCIPIO, TUTANKATÓN

Cuando nace, Tutankamón se llama Tutankatón, que significa «la viva imagen de Atón», en homenaje al dios único a quien su padre glorificaba. Cuando el joven príncipe accede al trono, la supremacía del dios Amón y de su clero es restaurada despúes del reinado de Akenatón y su culto al dios único Atón. Por lo tanto, cambia su nombre en homenaje al dios Amón y se convierte en Tutankamón. Lo mismo había sucedido con su padre Akenatón, anteriormente llamado Amenofis IV.

EL MATRIMONIO DE TUTANKAMÓN

Tras su ascenso al trono, Tutankamón se casa con su hermana mayor, la princesa Anjesenamón (anteriormente llamada Anjesenatón, c. 1349 a. C.-c. 1323 a. C.), la tercera hija de la pareja real. Se estima que el joven faraón se casa con su hermana cuando tiene unos 7 años, mientras que Anjesenamón cuenta con 12 años. Estos matrimonios entre niños son relativamente comunes en el Antiguo Egipto, pero las uniones entre hermanas y hermanos uterinos son escasas, aunque toleradas en las familias reales del Reino Nuevo.

Tal práctica serviría para prevenir guerras de sucesión entre los herederos al trono, a menudo fruto de varios matrimonios reales. Sin embargo, en el caso de Tutankamón y de Anjesenamón, muchos de sus hermanos habían muerto a una edad temprana. Podría suceder que solo la princesa Anjesenamón tuviera un rango lo suficientemente elevado como para reclamar el título de reina. Se trata de la única esposa conocida del joven, pero es casi seguro que el joven rey cuenta con un harén y con varias esposas secundarias. De hecho, la poligamia es una verdadera tradición en el Antiguo Egipto.

LOS HEREDEROS DEL FARAÓN

Aunque Tutankamón solo tenía dos herederos, ambos nacen muertos. Estos fetos son enterrados con su padre en la tumba descubierta por Howard Carter, lo que explica por qué los arqueólogos saben de su existencia. Eran dos niñas que murieron durante el cuarto y el séptimo mes de gestación. Nunca se ha encontrado a ningún otro heredero... Por lo tanto, cuando el joven faraón fallece prematuramente a los 20 años en circunstancias accidentales aún sin aclarar, asciende al poder su antiguo preceptor, Ay (nacimiento desconocido-*c.* 1320 a. C.), duodécimo faraón de la dinastía XVIII.

| Howard Carter en Chicago, en el estado de Illinois (Estados Unidos), en enero de 1924.

CONTEXTO

CONTEXTO RELIGIOSO ANTERIOR A LA LLEGADA DE TUTANKAMÓN

Antes de que Tutankamón se convirtiera en rey de Egipto, su padre, el faraón Akenatón, transforma el país al adoptar una nueva religión totalmente opuesta a los antiguos ritos politeístas: el monoteísmo dedicado al dios del sol Atón.

Esta reforma religiosa comienza alrededor del año 1343 a. C. después de las disputas internas en las altas esferas del Estado egipcio. Entonces, el faraón decide darle prioridad a una religión de la que será el único representante, para mantener firmemente el control sobre el Estado, su pueblo y sus ritos religiosos. Este nuevo culto está ligado al disco solar Atón, es decir, a la manifestación tangible del sol: la estrella brillante en el cielo. Por tanto, se trata de un monoteísmo basado en una forma radical de fenomenología solar (filosofía basada en todas las sensaciones percibidas por el cuerpo humano) ya en boga en esa época.

Cualquiera que haya estado alguna vez en Egipto puede comprender que el sol, debido a su calor abrumador, puede desempeñar un papel importante en la vida diaria de la población. Este culto exclusivo no estaba vinculado a una divinidad humanoide, sino al sol, a la estrella que ilumina y calienta la tierra. Así, el disco solar se convierte en el único dios en el territorio egipcio.

Esta reforma religiosa es radical y relativamente rápida. En menos de dos años, Akenatón ordena que los nombres de las deidades principales sean destruidos en los templos, incluyendo el dios Amón. Disuelve el clero que no estaba dedicado a Atón, abandona todos los templos y construye una nueva capital enteramente dedicada a su dios único: la ciudad de Aketatón, nombre que sirve una vez más de homenaje a su dios favorito.

¿QUIÉN GOBIERNA EL PAÍS?

Cuando toma el poder sobre el Alto y el Bajo Egipto, Tutankamón no es más que un niño. Por lo tanto, el verdadero poder está en manos de dos personas: el preceptor del rey, Ay, y el general Horemheb (nacimiento desconocido-c. 1300 a. C.).

Este último, que tiene un poder apenas inferior al del rey, podría compararse hoy en día con un primer ministro. Parece que fue el verdadero líder de Egipto, especialmente en materia de política exterior. Su capilla funeraria en Saqqara revela todas las responsabilidades que incumbían a Horemheb: gran general, jefe de las tropas, mensajero del rey, líder de todo el país, grande entre los grandes, etc. Las fuentes escritas hablan de él como un soberano, usando los términos y expresiones normalmente reservados para el faraón titular.

CAMBIOS EN EL HORIZONTE

La primera decisión bajo el reinado de Tutankamón es restaurar la antigua religión del Estado, dedicada principalmente al dios Amón. El clero de Amón, disuelto por Akenatón unos diez años antes, es restaurado. Por otra parte, se prohíbe y se elimina todo rastro del culto a Atón instaurado por el antiguo faraón. Durante el reinado del joven, las arcas de los templos se van volviendo a llenar sin prisa pero sin pausa. La riqueza de estas instituciones religiosas se mide principalmente en función de la extensión de sus rebaños de ganado, dispersos por todo Egipto, hasta Nubia.

Este renacimiento de la actividad religiosa es también muy beneficioso para los artesanos, principalmente en la ciudad de Menfis, cuyos dos grandes mecenas son el rey y los templos: ahora pueden volver a hacer objetos para los cultos de todas las deidades de Egipto.

Así, el templo de Amón-Ra de Karnak es una estructura cultual (vinculada a un culto) de gran importancia, que también desempeña un papel económico importante durante el Nuevo Imperio. Es probablemente la institución más rica de Egipto. Al reabrir las puertas de este templo, Tutankamón hace un gesto simbólico muy fuerte y los beneficios financieros que de él se derivan son obviamente bien recibidos.

VECINOS PROBLEMÁTICOS

En cuanto a la política exterior, el reinado de Tutankamón resulta poco importante en comparación con el de sus predecesores. Aunque las relaciones con Oriente Próximo son más o menos estables, los reinos rivales discuten entre sí sin que nadie supere al otro. El reino hitita (que se extiende sobre Anatolia, una región situada en el extremo occidental de Asia) está adquiriendo cada vez más poder, al igual que Asiria (región al norte de Mesopotamia), que pronto se convertirá en la principal potencia en el Oriente Próximo. Aunque Mitani (reino de Oriente Próximo al noreste de la actual Siria) y Babilonia (antigua ciudad de Mesopotamia situada en el actual Iraq) están perdiendo su importancia, estas dos entidades todavía existen, pero sin la gloria de antaño.

Los hititas son los que más problemas y agitaciones causan a Egipto. Ya durante el reinado de Akenatón, las relaciones entre los dos países eran frágiles y a menudo interrumpidas por guerras. Estos disturbios militares no parecieron disgustar a Akenatón, que no hizo ningún esfuerzo por mantener su reino en paz. Bajo el reinado de Meritatón, la hermana mayor de Tutankamón, las relaciones diplomáticas se calman mucho, sobre todo debido a un matrimonio concertado entre la reina Meritatón y un joven príncipe hitita. Desafortunadamente, el príncipe extranjero pierde la vida por el camino y no llega a Egipto. Las tensiones afloran de nuevo. Bajo el reinado del niño faraón no hay pruebas de que existieran intercambios o comercio entre los dos reinos. Por el contrario, sus ejércitos luchan en los campos de batalla por la posesión de grandes ciudades —como Qadesh, que es el escenario y el eje de numerosas guerras egipcio-hititas—, que pasan constantemente de un bando al otro.

Mientras que los hititas y los egipcios a menudo hacen la guerra entre sí, este no es el caso de los asirios, con quienes los egipcios mantienen buenas relaciones basadas en el comercio, los intercambios diplomáticos y una aversión a un enemigo común: los hititas. Además, Asiria desempeña un papel importante en las guerras contra los hititas.

Sin embargo, el joven Tutankamón merece algún elogio por sus decisiones políticas. Inicia tímidamente la renovación de Egipto, y bajo su reinado dan fruto los primeros esfuerzos militares y vuelve la paz al reino egipcio. Sin embargo, habrá que esperar cincuenta años para que la paz se restablezca por completo entre los hititas y los egipcios gracias al célebre faraón Ramsés II (*c.* 1300 a. C-*c.* 1215 a.C.), que restaura el orden y la seguridad en todo el reino.

MOMENTOS CLAVE

UN REGRESO A LOS ORÍGENES

Tutankamón es conocido sobre todo por haber rehabilitado la antigua religión estatal para dejarla tal y como era antes del reinado de su padre. Enseguida se abandona el culto exclusivo a Atón. Un edicto, proclamado y grabado en los primeros meses de su reinado sobre una estela egipcia (losa de piedra con un texto más o menos importante), la Estela de la Restauración, es la prueba irrefutable de ello.

Esta ley permite al pueblo egipcio volver a las tradiciones y a la antigua religión politeísta. Se restauran las deidades antiguas, se reconstituye el clero, se rehabilitan los santuarios antiguos y se celebran de nuevo las fiestas tradicionales, mientras que los egipcios multiplican las donaciones y las ofrendas. Esta estela describe todas las acciones que se pondrán en marcha para reactivar los antiguos cultos y facilitar su desarrollo. La prioridad era levantar la prohibición de estos cultos con el fin de que el pueblo egipcio pudiera recuperar las celebraciones religiosas que animaban su ciudad.

El dios Amón recupera gradualmente su lugar entre los principales dioses de la religión egipcia. La capital del faraón Akenatón, la ciudad de Aketatón, es abandonada, y la capital regresa a Tebas. No obstante, como Tutankamón asciende al trono cuando es muy joven, es probable que esta toma de decisiones esté en manos de Ay y de Horemheb, ambos mayores que el faraón, que habían vivido en la época en que se rendía culto a los antiguos dioses.

NUEVAS CONSTRUCCIONES

La región de Tebas es la que más daños sufre por parte de los trabajadores de Akenatón. Por tanto, el joven Tutankamón comienza su política de rehabilitación de los antiguos dioses en esta región encargando a sus obreros reconstruir lo que estaba deteriorado. En Karnak, los obreros trabajan en los recintos de los tres grandes espacios cultuales: el de Amón-Ra, Montu y Mut. En Luxor, el templo principal es el que se beneficia de las restauraciones.

El soberano también continúa su campaña en el área de Menfis, cerca de El Cairo. Primero se restauran las partes más visibles de los templos. Las zonas más remotas se dejarán para posteriores campañas de restauración. Durante todo el reinado de Tutankamón e incluso el de su sucesor Ay, los obreros trabajan en canteras para grabar de nuevo los nombres y las imágenes de los dioses que habían sido destrozados a propósito. Uno se da cuenta entonces del alcance de los destrozos ordenados por Akenatón en nombre del dios único.

UN ADOLESCENTE ENFERMO

Durante muchos años, los científicos creen que Tutankamón sufrió varias patologías físicas. Después de examinar los diversos objetos descubiertos en su tumba, se le ha visto como un rey cojo y enfermizo, lo que parece ser el caso. De hecho, se han descubierto en su tumba más de 130 bastones, así como un gran número de sillas, taburetes y sillones. A esto se suman las imágenes en la tumba del faraón que representan al rey disparando con un arco, sentado en un sillón. Sabiendo que este deporte se practica siempre de pie, parece que la movilidad del faraón planteaba un verdadero problema.

En 2010, la momia de Tutankamón se analiza en profundidad y permite detectar una serie de rastros correspondientes a un pie zambo, un hipofalangismo (una ausencia de falange) y una inflamación crónica debida a la enfermedad de Köhler (anomalía en el crecimiento del hueso de la rótula). Todas estas enfermedades no facilitaban la vida a un joven en el ejercicio de su poder. El mero hecho de estar de pie probablemente requería un gran esfuerzo por su parte. Los desplazamientos en carros, el medio de locomoción real oficial, tenían que ser duros y dolorosos. Estas patologías habrían dañado sus caderas, su pelvis y podrían haberle causado una escoliosis. Así, Tutankamón seguramente parecía una persona enfermiza con las caderas demasiado anchas y la espalda torcida.

UNA MUERTE PREMATURA

El joven faraón muere a los 20 años. Las causas de su muerte son difíciles de determinar; de hecho, su cuerpo tiene muchos rastros de enfermedades y de accidentes.

En 2005, algunos investigadores llevan a cabo un escáner del cuerpo del faraón, que presentaba un desgarro de la rótula izquierda apenas cicatrizado, lo que indica que el faraón habría fallecido pocos días después de un accidente.

A finales de 2013, los científicos del Instituto Forense Cranfield de Inglaterra anuncian la hipótesis de que Tutankamón habría sufrido un accidente de carro, ya que el joven faraón también tenía muchas heridas en uno de los costados del cuerpo. Algunos incluso han planteado la hipótesis de que habría muerto por culpa de un hipopótamo que habría cargado contra él. Por tanto, las causas de su muerte siguen siendo indeterminadas y poco claras.

Además, debe añadirse que, durante el examen en profundidad de los restos, se identifican tres genes de malaria en la momia. Los mosquitos portadores de la enfermedad son extremadamente comunes en esta región, por lo que existen razones para creer que las picaduras podrían haber matado a este joven de constitución frágil.

En cualquier caso, la repentina desaparición del joven faraón obliga a su séquito a cambiar de planes con respecto a su tumba. Inicialmente, debía ser enterrado en una sepultura que aún no está lista para recibirlo cuando fallece. Esta tumba será ocupada por su sucesor, Ay. Este último, mucho mayor, ya había comenzado a construir la suya y el progreso de la obra era tal que se decide enterrar al joven faraón en esta sepultura, más modesta pero finalizada. Sin embargo, recibe todos los honores debidos a su rango y sus tesoros lo acompañan en su tumba, en el Valle de los Reyes (una región situada a orillas del Nilo a la altura de Tebas que albergaba las sepulturas de los faraones del Reino Nuevo, así como las de sus esposas, hijos y de ciertos nobles).

EL ENTIERRO DE UN FARAÓN

Todos los gobernantes eran enterrados con los objetos de su vida cotidiana y otros hechos especialmente para acompañarles en el más allá. Si el joven Tutankamón, que reina apenas diez años, cuenta con unos tesoros tan fabulosos, resulta fácil imaginar los que debían encerrar las tumbas de prestigiosos faraones como Amenofis II (nacimiento desconocido-c. 1400 a. C.) o Ramsés II.

Por desgracia, el Valle de los Reyes es objeto de repetidos saqueos a lo largo de la Antigüedad, y la tumba de Tutankamón no es una excepción: es saqueada dos veces poco después de su muerte, tras lo cual los guardias de la necrópolis vuelven a sellar la sepultura. El Valle de los Reyes es abandonado al final de la dinastía XX y las momias, así como los objetos de valor restantes, son transportados a dos lugares: el escondite de Deir el-Bahari (situado al sur del Valle de los Reyes, cerca de Tebas), y la tumba del faraón Amenofis II. Este traslado lo lleva a cabo alrededor del año 1050 a. C. Pinedjem I, el primer sumo sacerdote de Amón en Karnak a partir del año 1070 a. C., y luego faraón en el Alto Egipto hasta el año 1032 a. C.

El desplazamiento de estas momias era necesario por razones de seguridad. De hecho, aunque el saqueo de los entierros reales es un hecho comprobado desde el principio del Antiguo Egipto, estos robos se vuelven difíciles de contener durante el transcurso del siglo XI a. C. Las tumbas del Valle de los Reyes se esparcen por toda una imponente montaña, y pronto se hace imposible vigilar el sitio por completo. El clero de

Amón decide entonces llevar las momias reales y el resto de su ajuar a un lugar seguro, conocido solo por los sacerdotes.

Sin embargo, Tutankamón no se beneficia de este desplazamiento, ya sea porque este pequeño faraón ya ha caído en el olvido o porque sus tesoros son de poca importancia. Por lo tanto, su tumba se recupera enterrada bajo cascotes y escombros arrastrados por inundaciones y construcciones vecinas, lo que paradójicamente la protege de los saqueadores. Habrá que esperar hasta principios del siglo XX para que el faraón vuelva a renacer en la memoria de la gente y nunca jamás vuelva a caer en el olvido.

SAQUEADORES POCO ESCRUPULOSOS

Se tiene constancia de saqueos de las sepulturas reales desde finales del Antiguo Imperio (*c.* 2700-2200 a. C.). El poder político y real se debilita y los ladrones aprovechan para apoderarse de los tesoros de las sepulturas. A lo largo del Imperio Medio (2033 a. C.-*c.* 1786 a. C.), la práctica del saqueo se vuelve corriente, hasta el punto de que los arqueólogos han encontrado papiros en los que se relatan juicios a ladrones y sus sanciones: son condenados a que se les corten las orejas o la nariz, o incluso a muerte.

| Trono de Tutankamón que representa al soberano instalado desenfadadamente en su trono acompañado por su esposa, que le aplica un ungüento, mientras el disco solar de Atón ilumina a la pareja real.

UNA SUCESIÓN CONFLICTIVA

Tras la muerte de Tutankamón, su antiguo preceptor Ay y su general Horemheb se disputan el trono. Sin embargo, Horemheb tiene que ausentarse de repente de los campos de batalla para enfrentarse a la amenaza de hitita que acaba de comenzar. Entonces, Ay toma las riendas del poder mientras que Horemheb se contenta con permanecer como general. Después, el antiguo tutor se habría casado con la viuda del joven faraón Anjesenamón para asentar su legitimidad. De hecho, Ay no pertenece a una rama de la familia real que se suponga que tiene que reinar. Posee una gran influencia desde el reinado de Akenatón ya que su posición como alto funcionario cercano a la familia real le permite convertirse en tutor del joven Tutankamón, pero de ninguna manera sucederle.

Durante los pocos años que dura su reinado, continúa la política de retorno a la ortodoxia iniciada por Tutankamón. Además, podríamos preguntarnos si no es Ay el que se encuentra en el origen de esta renovación de los antiguos cultos. De hecho, él ya tiene muchas responsabilidades durante el reinado de Akenatón, durante la transición al atonismo. Probablemente vive una gran parte de su vida honrando a los dioses antiguos, por lo que, en cuanto se le presenta la oportunidad, restablece los cultos que siempre había conocido. Es probable que Tutankamón era demasiado joven para decidir por sí solo sobre esta restauración.

Ay, que cuando llega al poder cuenta con una edad muy avanzada, fallece c. 1320 a. C., dejando el campo libre a Horemheb, que acaba ascendiendo al trono. Su reinado dura hasta c. 1295 a. C. y su política tiene una cierta influencia: continúa con la restauración de la antigua religión inaugurada por Tutankamón, amplificándola y reorganizando parte de la administración, como la justicia y los impuestos. Estos cambios servirán de base para el reinado de sus sucesores.

Para sucederle, Horemheb nombra a uno de sus generales como «príncipe heredero»: Paramesu, que se convertirá en el futuro Ramsés I (nacimiento desconocido-c. 1290 a. C.), el primer faraón de la dinastía XIX (que reina de 1295 al 1294 a. C.) y abuelo del gran Ramsés II. Con la muerte de Horemheb, la dinastía XVIII queda definitivamente cerrada.

UNA INFLUENCIA INNEGABLE

Horemheb desempeña tal papel político que los faraones de la dinastía XIX le consideran un padre fundador y lo convierten en un rey divinizado, incluso en un objeto de un culto, al contrario de lo que sucede con sus predecesores inmediatos.

UN DESCUBRIMIENTO SIN PRECEDENTES

Es fácil imaginar el sentimiento de euforia que se apodera de Howard Carter el 4 de noviembre de 1922. Llega a las 10:00 a la obra arqueológica del Valle de los Reyes y encuentra a todos sus trabajadores extrañamente mudos. Han descubierto un escalón de piedra tallado en la roca. Ese mismo día, el arqueólogo británico despeja todo el escalón, y luego una escalera. Entonces, el equipo de excavación descubre una puerta sellada, intacta.

Encima de la puerta, Carter crea una mirilla para tratar de ver algo: en el interior, observa un pasillo lleno de terraplenes. El arqueólogo británico comprende entonces que ha descubierto un lugar que ha permanecido intacto durante milenios.

Informa inmediatamente a su mecenas y amigo lord Carnarvon (egiptólogo británico, 1866-1923), que llega pocos días después acompañado por su hija Evelyn Herbert Beauchamp. Las excavaciones se reanudan: se despejan los dos últimos escalones y después hacen lo propio con toda la puerta. Entonces aparece el nombre del faraón: «Tutankamón».

Sin embargo, está claro que la tumba ya ha sido saqueada. De hecho, parece que se ha añadido mampostería, y se encuentran restos de sellos rotos cerca de la puerta de entrada, mientras que otro sello es claramente visible en la puerta. Los sellos intactos y los destruidos están extrañamente firmados por la misma persona: el responsable de la necrópolis real, un tal Maya (tesorero durante los reinos de los faraones Tutankamón, Ay y Horemheb). Por lo tanto, se puede inferir que los saqueadores vinieron a visitar la tumba poco después del entierro de Tutankamón.

Con todo, Carter todavía guarda la esperanza de que esta tumba permanezca intacta, ya que los grandes saqueos del Valle de los Reyes comienzan durante el reinado de Ramsés IX (c. 1140-c. 1121 a. C.), casi 200 años después del reinado de Tutankamón.

| El Valle de los Reyes en 1922.

De hecho, Tutankamón, como su padre y toda su familia, nunca es inscrito en los registros reales. Considerados heréticos por haberse atrevido a renunciar a los dioses antiguos, no pueden pretender que sus nombres duren para siempre y, por tanto, enseguida caen en el olvido. Por lo tanto, es muy probable que la gran mayor parte del ajuar funerario todavía se encuentre en su lugar.

Después de despejar el pasillo, la ruta de los investigadores vuelve a estar bloqueada por una segunda puerta, exactamente igual que la primera. Cuando Carter golpea la mampostería, sus herramientas ya no encuentran más resistencia: un soplo de aire caliente escapa de la abertura y hace que la luz de la vela titile. Entonces, Carter consigue pasar la vela a través del orificio. A pesar de la luz parpadeante, el brillo del oro es claramente visible. Carter está boquiabierto y no dice nada durante unos segundos que parecen una eternidad. Cuando se le pregunta si hay algo en esa sala, solo escapan de su boca unas pocas palabras: «Sí, cosas maravillosas» (Arrizabalaga 2015).

En efecto, encuentra miles de objetos maravillosos: estatuas doradas, ajuar funerario (incluyendo camas y un trono), objetos cotidianos como joyas, juegos o instrumentos musicales, pero también carrozas, armas, etc., e incluso ropa y textiles, sin olvidar las momias en su disposición antigua. Por primera vez en la historia de la egiptología, se encuentra un tesoro funerario real casi intacto, lo que permite a los egiptólogos comprender mejor los ritos funerarios egipcios.

EL VIAJE AL MÁS ALLÁ DE LA TRADICIÓN EGIPCIA

Con el descubrimiento del tesoro de Tutankamón, los objetos funerarios pueden ser examinados y, de esta manera, se realizan avances en la investigación sobre los ritos funerarios.

Como todo faraón, el cadáver del joven soberano debió sufrir un tratamiento corporal con el objetivo de preservarlo, para que su energía vital, el *ka*, y su alma, el *ba*, pudieran reintegrar el cuerpo al alba de su nueva vida. Este tratamiento, llamado momificación, es un proceso compuesto por varias etapas, y dura en total setenta días.

Primero se lava el cuerpo cuidadosamente y luego se extraen las vísceras. A continuación, se cubre con aceites perfumados y ungüentos. Después de esta etapa, se procede a envolver al difunto: sacerdotes embalsamadores envuelven el cuerpo en tiras de lino mientras recitan oraciones. En el caso de Tutankamón, se habían colado joyas que presentaban señales de desgaste a través de las tiras. Por lo tanto, el soberano había llevado estas joyas durante su vida.

Durante el proceso de momificación solo se preservan ciertos órganos, que se colocan en vasos canopos para protegerlos cuando el difunto regrese a la vida. Estos vasos siempre contienen el hígado, el estómago, los pulmones y los intestinos.

- El hígado se coloca bajo la protección del genio Amset, con cabeza humana, y de la diosa Isis. Está vinculado al sur.
- El estómago está protegido por el genio Duamutef, con cabeza de chacal, por la diosa Neith y por el este.
- Los pulmones están bajo la protección de Hapy, con cabeza de papión, la diosa Neftis y vinculado al norte.
- Los intestinos están bajo la tutela del genio Kebeshenuef, con cabeza de halcón, la diosa Serket y el oeste.

El corazón, por su parte, siempre se deja en el cuerpo del difunto.

Después de todos estos rituales, se coloca el cadáver en su sarcófago y se introduce en su morada de eternidad, donde el faraón está rodeado por todos los objetos que ha necesitado durante su vida, pero también por los necesarios para su supervivencia en el más allá. De hecho, la vida en el más allá es la extensión de la vida terrenal. Por lo tanto, el difunto realizará las mismas funciones y necesitará todos los objetos que utilizaba o que simbolizaban su poder.

| Howard Carter y el sarcófago de Tutankamón, 1922.

REPERCUSIONES

LA GRAN RESTAURACIÓN RELIGIOSA

Como hemos dicho con anterioridad, el reinado del joven faraón no brilla por su gloria económica, cultural o política. Es probable que ni siquiera su logro más importante, la restauración religiosa, fuera idea suya, ya que lo más seguro es que la decisión la tomaran los dos personajes clave del Egipto de la época: Ay y Horemheb. Sin embargo, esta restauración tiene efectos beneficiosos en la economía del país. Los artesanos trabajan incansablemente para reconstruir templos destruidos o abandonados, y los escultores pueden volver a construir estatuas de todas las divinidades. Los artesanos tienen ahora una enorme carga de trabajo.

LA CONTRIBUCIÓN CIENTÍFICA DEL DESCUBRIMIENTO

Las repercusiones sobre las generaciones futuras que tiene el niño-rey es mayor cuando fallece.

Hoy en día, es conocido en todo el mundo por la riqueza de su tesoro, pero los científicos también han aprovechado este descubrimiento de una manera increíble, ya que por fin han podido estudiar objetos egiptológicos casi intactos en su contexto original. La riqueza del tesoro les permite realizar análisis sobre objetos de metal, oro o plata, así como sobre materiales orgánicos (como los textiles). Los materiales orgánicos como la madera, los textiles, la piel y el cabello se conservan mucho peor que los metales y son más sensibles a las fluctuaciones de temperatura, por lo que son mucho más escasos e interesantes para los científicos que el oro o la plata.

El clima árido de Egipto y una atmósfera protectora han permitido una excelente conservación de estos frágiles materiales en la tumba de Tutankamón, motivo por el que el descubrimiento de la sepultura es un acontecimiento único y de gran valor.

LA MALDICIÓN DEL FARAÓN

Existe una leyenda que se ha perpetuado relacionada con el descubrimiento de la tumba de Tutankamón: la maldición del faraón. Esta habría afectado supuestamente a algunos de los miembros del equipo que se aventuraron en su tumba real y que habrían pagado por ello un alto precio: sus vidas. ¿Pero realmente su tumba estaba protegida por una maldición?

Esta leyenda se extiende como un reguero de pólvora, pero hay que decir que se beneficia de un contexto favorable. En efecto, el espiritismo —superstición basada en la posibilidad de comunicarse con los difuntos— estaba muy de moda desde finales del siglo XIX. Las momias forman parte del imaginario colectivo y era normal que en esta época se les otorgaran poderes específicos. Así, a partir de finales del siglo XIX, son varias las muertes misteriosas que se relacionan con momias egipcias.

LA MALDICIÓN DE LA MOMIA

La primera maldición de la momia tiene lugar en 1896. Un periodista se hace eco de un rumor que afirma que Walter Herbert Ingram (1855-1888) había comprado una momia en Luxor en 1885 y había fallecido en 1888 en un trágico accidente durante una cacería de elefantes en Somalilandia (antiguo territorio británico del cuerno de África). Nunca se encontrará el cadáver del difunto: algunos afirman que existiría una maldición sobre esta momia de Luxor que garantizaría a cada profanador una muerte violenta sin sepultura. La maquinaria de la maldición está en marcha...

En lo que a la tumba de Tutankamón se refiere, todo comienza con la muerte del canario de Howard Carter, tragado por una cobra. Siendo la cobra el emblema del faraón durante el Egipto faraónico, es fácil entender por qué los contemporáneos ven en ello una venganza por parte de Tutankamón.

Pero los rumores crecen en 1923, cuando lord Carnarvon, mecenas y amigo de Howard Carter, fallece de manera repentina por culpa de una neumonía. La prensa se hace con el caso y echa más leña al fuego, avivando la imaginación de un pueblo ya excitado por la moda del espiritismo. Los periodistas y los escritores llegan incluso a inventar una inscripción en la tumba del rey: «La muerte golpeará con su bieldo a aquel que turbe el reposo del faraón» (Sánchez 2016, 30). En los años siguientes a la exhumación del cuerpo de Tutankamón, entre 15 y 30 personas relacionadas directa o indirectamente con el descubrimiento de la tumba mueren inesperadamente.

| Lord Carnarvon en las escaleras de la tumba de Tutankamón acompañado por Howard Carter, 1922.

¿UNA MALDICIÓN CUESTIONADA?

Cuando censamos a las víctimas, podemos observar que había poca relación entre los fallecidos y los hallazgos arqueológicos: algunos habían visitado la tumba, pero otros nunca habían puesto un pie en ella. La edad media del difunto es de 52,4 años. Sabiendo que en la década de 1920 la esperanza de vida en Europa era de 52,2 años, esta maldición parece poco creíble.

Además, no hay que olvidar que muchos de los primeros investigadores de esta excavación llegan a una edad muy avanzada. Por ejemplo, Howard Carter muere de un linfoma a los 64 años, mientras que la hija de lord Carnarvon, que había entrado en la tumba, fallece en 1980 a los 79 años. A esta lista de supervivientes se suman todos los egiptólogos que estudiaron el ajuar funerario, las inscripciones e incluso los científicos que hicieron la autopsia de la momia del joven faraón. ¡Menuda maldición de poca monta!

UNA EXPLICACIÓN RACIONAL

Muchos científicos han intentado explicar racionalmente estas sospechosas muertes. Al principio, se pensó en gérmenes y bacterias presentes en la sepultura del rey, o incluso en venenos colocados allí por los antiguos sacerdotes egipcios.

Tras varias décadas de trabajo, los investigadores de la Universidad de Leipzig identificaron en 1999 esporas de moho capaces de resistir durante miles de años en la oscuridad. Estas esporas podrían haber tenido efectos patógenos en personas con un sistema inmunológico deficiente.

A pesar de todos estos argumentos científicos, la idea de la maldición de Tutankamón sigue seduciendo al público en general. Esta pequeña historia forma parte de la gran historia y ha contribuido en parte a difundir el mito de Tutankamón. Aún a día de hoy, seguimos encontrando artículos que retoman esta leyenda y que cosechan un gran éxito.

LA *TUTANMANÍA*

El tesoro de Tutankamón no solo es una mina de información inesperada para los egiptólogos, sino que también fascina al gran público. Las exposiciones que se le han dedicado al joven faraón son innumerables.

La exposición *Toutânkhamon et son temps* («Tutankamón y su época»), organizada en los años 1960 en grandes ciudades europeas como París o Londres, es una de las más visitadas de todos los tiempos. La última dedicada al joven faraón data de 2012, en París, y a ella acudieron miles de personas. Se trata de una verdadera *tutanmanía*: se puede encontrar fácilmente en muchos libros, películas e incluso en videojuegos sobre el faraón.

De hecho, a partir de los años posteriores al descubrimiento de la famosa tumba, los libros que tratan sobre faraones y maldiciones nunca han dejado de aparecer, como lo demuestra la novela de Agatha Christie (mujer de letras británica, 1890-1976), *La aventura de la tumba egipcia* (1923). Hergé (autor belga de cómics, 1907-1983) también se inspira en ello para dos de los álbumes que aparecen en la serie *Las aventuras de Tintín*: *Los cigarros del faraón* (1934) y *Las 7 bolas de cristal* (1948). Más recientemente nos encontramos al novelista Christian Jacq (escritor francófono, nacido en 1947), que se inspira en gran medida en la vida de Tutankamón.

En cuanto al cine, encontramos el mito de una maldición egipcia ya en 1932 en *La momia* de Karl Freund (director alemán, 1890-1969). Los videojuegos también se han inspirado en esta leyenda, como el juego para ordenador *Uncharted: El tesoro de Drake* (2007), donde el protagonista es víctima de una maldición al abrir un enorme sarcófago de oro macizo. Y estos no son más que algunos ejemplos de la influencia que ejerce Tutankamón y su maldición sobre las generaciones posteriores.

EN RESUMEN

- Tutankamón es el undécimo faraón de la dinastía XVIII egipcia. Sucede a su padre, Akenatón, después de casarse con su hermana mayor Anjesenamón.
- Asciende al trono cuando tiene alrededor de 7 años y toma las riendas del poder en un período turbado por los cambios religiosos (su padre había impuesto un culto monoteísta en honor al dios Atón a una población politeísta) y por las tensiones políticas con el pueblo hitita.
- Tutankamón es demasiado joven para gobernar, por lo que el país está dirigido por dos hombres: Ay, su preceptor y alto funcionario bajo el reinado de su padre, y Horemheb, general jefe de los ejércitos. Ellos son los verdaderos encargados de tomar decisiones durante el reinado del faraón.
- Su reinado es breve y termina cuando tiene 20 años. Sin embargo, Egipto se beneficiará de importantes cambios durante este breve lapso de tiempo: la antigua religión del Estado, la que voluntariamente había sido suprimida por

el faraón anterior, es restaurada y se inicia el renacimiento económico y político de Egipto.

- Su vida personal también es tumultuosa. Las enfermedades y dolencias físicas que padece probablemente afectan a su vida. Como niño y adolescente, sus habilidades motrices debieron de ser limitadas. Su juventud y sus enfermedades probablemente le impidieron ejercer su poder a tiempo completo. Su frágil constitución es una de las causas de su muerte prematura, que le sobreviene a la edad de 20 años.
- Su reinado no es extraordinario, tanto que su tumba no se salvará y será olvidada por sus contemporáneos en el Valle de los Reyes.
- Sin embargo, casi 3000 años después, este joven rey olvidado se ha convertido en una verdadera celebridad mundial. El deseo de todos los egipcios era que su nombre se repitiera a lo largo de los siglos para vivir eternamente, y el nombre de Tutankamón perdurará miles de años más, ya que sin duda seguirá siendo uno de los faraones más famosos de todos los tiempos.
- El descubrimiento de su tumba sigue siendo un hecho inigualable en la historia de la arqueología (por su riqueza y su carácter inviolado

durante milenios). El impacto de este descubrimiento es inmenso y patente en exposiciones, libros y películas, así como en la cultura popular. De hecho, la última exposición en 2012 cosechó un gran éxito.

- El entusiasmo popular que desata el descubrimiento de esta tumba se debe en gran parte a la maldición que parece cernirse sobre el equipo de excavación. Sin embargo, se cree que las muertes inexplicables y repentinas de algunos de sus miembros se deben en gran medida a las esporas de moho en la tumba, que resistieron durante varios miles de años y resultaron fatales para algunos de estos hombres, de constitución débil.

¡Tu opinión nos interesa!
¡Deja un comentario en la página web de tu
librería en línea,
y comparte tus favoritos en las redes sociales!

PARA IR MÁS ALLÁ

FUENTES BIBLIOGRÁFICAS

- Capart, Jean. 1923. *Toutânkhamon*. Bruselas: Vromant et Cie.

- Carter, Howard. 1990. *La fabuleuse découverte de la tombe de Toutânkhamon*. París: Pygmalion.

- Gabolde, Marc. 1998. *D'Akhenaton à Toutânkhamon*. París: De Boccard.

- Gabolde, Marc. 2015. *Toutânkhamon*. París: Pygmalion.

- Hawass, Zawi. 2009. "Computed tomographic evaluation of King Tutankhamun, ca. 1300 BC.". *Annales du Service des Antiquités de l'Égypte*, n.º 81, 159-174. El Cairo: Imprimerie de l'Institut Français d'Archéologie Orientale.

- Nelson, Mark. 2002. "The mummy's curse: historical cohort study". *British Medical Journal*, n.º 325, 1482-1484. Londres: BMJ Publishing.

- Reeves, Carl Nicholas. 1991. *Toutânkhamon. Le roi, la tombe, le trésor royal*. París: Belfond.

- Seton, Williams. 1980. *Le trésor de Toutânkhamon*. París: Édition Princesse.

- Vergote, Josef. 1961. *Toutânkhamon dans les archives hittites*. Leiden: Istanbul Nederlands Historisch-Archaeologisch Instituut in het Nabije Oosten.

FUENTES COMPLEMENTARIAS

- Arrizabalaga, Mónica. 2015. "El apasionante relato de Howard Carter sobre el hallazgo de la tumba de Tutankamón". *ABC*. 3 de noviembre. Consultado el 17 de enero de 2018. http://www.abc.es/cultura/abci-apasionante-relato-howard-carter-hallazgo-tumba-tutankamon-201511032118_noticia.html

- Desroches Noblecourt, Christiane. 2004. *Toutânkhamon*. París: Pygmalion.

- Gady, Éric. 2011. "L'archéologie de l'Égypte antique pendant la période coloniale de l'occupation britannique à la découverte du tombeau de Toutânkhamon". *Archéologie(s) en situation coloniale*, n.° 26, 47-50. París: Les Nouvelles de l'archéologie.

- Harer, Benson William. 2006. "An explanation of King Tutankhamun's death". *Bulletin of the Egyptian Museum*, n.° 3, 83-88. El Cairo: AUC Press.

- Hawass, Zawi y Sandro Vanini. 2008. *Le trésor de Toutânkhamon*. París: Imprimerie nationale.

- James, Thomas Garnet Henry. 2002. *Tutankhamun: The Eternal Splendor of the Boy Pharaoh*. Nueva York: Metro Book.

- Martin, Geoffrey Thorndike y Eugen Strouhal. 2008. "The Memphite Tomb of Horemheb, Commander-in-chief of Tutankhamun: Human skeletal remains". *Excavation memoir-Egypt Exploration Society*, n.º 5. Londres: Egypt Exploration Society.

- Reeves, Carl Nicholas. 2003. *Toutânkhamon. Vie, mort et découverte d'un pharaon*. París: Éditions Errance.

- Sánchez, Manuel. 2016. *Cronología profética de Nostradamus. Tomo 5 – 1900/1999*. s. l.: Autoediciones Tagus.

MINISERIE Y DOCUMENTALES

- *Tutankhamun: The Mystery of the Burnt Mummy*. Dirigido por Sean Smith. Inglaterra: 2013.

- *Tutankhamun: The Truth Uncovered*. Dirigido por Tom Stubberfield. Inglaterra: BBC Scotland/ Canadian Film, 2014.

- Tut. Dirigida por Peter Paige y Brad Bredeweg, con Ben Kingsley y Avan Jogia. Estados Unidos: Muse Entertainment, 2015.

LITERATURA

- Christie, Agatha. 1923. *La aventura de la tumba egipcia*.

- Jacq, Christian. 2001. *L'Affaire Toutânkhamon.*

- Jacq, Christian. 2008. *Toutânkhamon, l'ultime secret.*

- Rice, Anne. 2005. *La momia.*

- Saisset, Frédéric y Georges Verdal. 1947. *L'Aventure égyptienne.*

FUENTES ICONOGRÁFICAS

- Busto de madera dorado de Tutankamón descubierto por Howard Carter en 1922. © Jean-Pierre Dalbéra.

- Howard Carter en Chicago, en el estado de Illinois (Estados Unidos), en enero de 1924. La imagen reproducida está libre de derechos.

- Trono de Tutankamón que representa al soberano instalado desenfadadamente en su trono acompañado por su esposa, que le aplica un ungüento, mientras el disco solar de Atón ilumina a la pareja real. La imagen reproducida está libre de derechos.

- El Valle de los Reyes en 1922. La imagen reproducida está libre de derechos.

- Howard Carter y el sarcófago de Tutankamón, 1922. La imagen reproducida está libre de derechos.

- Lord Carnarvon en las escaleras de la tumba de Tutankamón acompañado por Howard Carter, 1922. La imagen reproducida está libre de derechos.

50MINUTOS.es
Historia
Economía y empresa
Coaching
Book Review
Salud y bienestar
Arte y literatura
EL DIAGRAMA DE ISHIKAWA
LA GUERRA DE PALESTINA DE 1948
DOMINA EL ARTE DEL NETWORKING
¡APRENDER NUNCA ANTES FUE TAN RÁPIDO!
www.50minutos.es

www.50Minutos.es

ISBN ebook: 9782808004107

ISBN papel: 9782808004114

Depósito legal: D/2017/12603/735

Libro realizado por <u>Primento</u>, *el socio digital de los editores*